Made in the USA
Las Vegas, NV
16 November 2023

80963848R00083